C. SÉMERY

Le Premier Président Charles JAC

EXTRAIT DES *Mémoires de la Société nationale d'Agriculture Sciences et Arts d'Angers*

ANGERS

G. GRASSIN, IMPRIMEUR-ÉDITEUR

40, rue du Cornet et rue Saint-Laud

1912

Le Premier Président Charles JAC

Le 18 avril 1911 s'est éteint, après une longue vie, toute de labeur fécond et de dévouement aux plus nobles causes de ce temps, un homme éminent, auquel notre Compagnie devait adresser un respectueux hommage.

M. Jac était l'un de ses Présidents d'honneur; il avait été Premier Président de la Cour d'Appel. Arraché naguère de son siège et éloigné pendant quelque temps d'Angers, il avait tenu à y venir reprendre une place que, celle-là du moins, les décrets ne pouvaient lui enlever. Il était donc bien des nôtres.

Les pages qui vont suivre sauront-elles donner à ce défenseur ardent du droit, à « ce grand homme de bien », comme on l'a si justement appelé, tout le relief qu'il faudrait ?

****

Charles-Henri Jac, né à Montfort-sur-Meu, près Rennes, était de vieille souche bretonne.

Sur les registres paroissiaux de Saint-Pol-de-Léon se lisent, au xviiie siècle, les noms de son grand-père Julien Jac ou Jack, organiste de la Cathédrale et qualifié de « noble homme » dans un acte de baptême de 1770; puis ceux de six enfants.

A vouloir remonter plus loin dans les origines, on les retrouverait en Irlande, et ce serait bien encore du sang breton.

L'aïeul Julien ne quitta pas l'abri de son église de Saint-Pol et de la grande flèche du Kreisker. Quelques-uns des enfants s'éloignèrent, mais sans perdre de vue les horizons de leur Bretagne. Deux filles épousèrent à Brest l'une un enseigne de vaisseau, l'autre un officier d'artillerie de marine. A Brest encore, l'aîné des fils, Jean-Marie-René, père de M. Jac, avait servi dans l'armée et avait été nommé lieutenant d'artillerie le 1er vendémiaire an VI ; puis, entré dans l'administration des Contributions indirectes, était devenu directeur d'arrondissement à Montfort et à Redon et avait pris sa retraite à Rennes.

Initiée dès le bas âge à la notion du devoir par une mère éminemment digne de la vénération dont elle était entourée, la famille Jac, à cette génération, était encore nombreuse : une religieuse des « Dames de Saint-Yves », ordre local, qui, jusqu'à une époque récente, desservit l'Hôtel-Dieu de Rennes ; un frère aîné, sous-chef à la direction générale des Domaines, et, sur son refus de postes plus élevés, directeur de l'enregistrement à Rennes, pour être près des siens ; un frère cadet, inspecteur des finances, puis sous-directeur de la Caisse des Dépôts et Consignations, où il réorganisa la Caisse Nationale des Retraites pour la vieillesse.

C'est dans ce cadre familial que doit prendre place maintenant la belle figure du Premier Président Jac. Et, s'il n'est pas d'une vérité absolue que du milieu et du sol même dépende notre caractère, on aime pourtant à les rechercher et à les connaître. Est-il vraiment possible de nier qu'on y trouve des affinités et souvent les premiers éléments d'une formation intellectuelle et morale ?

Les éducateurs ne peuvent non plus être oubliés et lui-même ne les oublia jamais. Ce furent d'abord les meilleurs des « primaires », les bons Frères qui dirigeaient le petit collège de Ploërmel ; puis les professeurs du Petit Séminaire de Saint-Méen, aujourd'hui confisqué, qui se fait honneur de le compter au nombre de ses plus brillants élèves.

Vint ensuite la période des études de droit à Rennes, suivies de l'inscription au barreau et la nomination au Secrétariat du Parquet Général. Dans ces mêmes conditions, et près de la même Cour, devait le suivre quelque vingt ans plus tard un autre magistrat dont le nom évoque pour nous de chers souvenirs, Fernand Lucas.

Ces fonctions de Secrétaire ouvraient alors, pour qui avait fait ses preuves, l'entrée dans la carrière judiciaire : le 16 juin 1852, M. Jac était nommé substitut à Fougères et, sur sa demande, en 1856, au poste de Saint-Calais. Il venait, par un récent mariage, d'entrer dans l'une des familles les plus distinguées de l'Orne, la famille de Chasot ; il avait, pour ce motif de convenances personnelles, quitté le ressort de Rennes. A l'avenir, et à quelques années près, il allait nous appartenir; occupant successivement les sièges de Substitut au Mans (1858), de Président à Segré (1862), de Conseiller à la Cour d'Angers (1868), de Président du Tribunal de Nantes (1872). Celui-ci était vraiment hors de pair. Le Garde des Sceaux Dufaure l'y mettait, parce qu'il l'y savait à sa place et qu'y seraient mises en valeur ses rares qualités; parce que c'était en même temps contre toutes vicissitudes — on le lui a dit — un précieux abri. « Avec le courage calme et vrai qui le distinguait », a-t-on dit encore, il le quitta pourtant l'année suivante, sur un signe du ministre, pour aller, sortant de son ressort d'origine et s'éloignant de son ressort d'adoption, occuper le poste militant et difficile de Procureur général à la Cour de Poitiers. Le Garde des Sceaux Ernoul, qui faisait appel à son dévouement, connaissait toutes les difficultés de la tâche, mais il connaissait aussi M. Jac.

Dans le salut adressé, lors de son audience d'installation, au nouveau Procureur Général, apparaît déjà la haute réputation qui le précédait : « La presse appartenant aux opinions les plus opposées nous a appris, dès le premier jour de votre nomination, qu'on ne sait ce qu'on doit le plus louer et admirer en vous, des éminentes qualités de votre esprit, de votre remarquable intelligence des affaires, ou de la rare intégrité de votre caractère. » Paroles qui, pour enveloppées qu'elles soient de formes protocolaires, sont singulièrement suggestives, si l'on note que celui qui tenait ce langage n'était pas suspect de sympathies préconçues pour le récipiendaire. Il n'était autre que l'avocat général Périvier, le futur et on peut dire célèbre Premier Président de la Cour d'appel de Paris.

Et pourtant, M. Jac, devenu chef du Parquet Général, mais par là même révocable, ne craignait pas d'affirmer dans son discours ses sentiments et ses croyances. « Je retrouverai ici, dit-il, tous les instincts et les mâles vertus qui sont l'apanage des provinces que je quitte, l'attachement inébranlable à la foi religieuse, le respect inné de l'autorité et de toutes les supériorités sociales, les habitudes morales et laborieuses. »

Une affirmation aussi nette de ses convictions établit, loin de leur nuire, des rapports de confiance absolue entre le chef du parquet et ses collaborateurs. Et la cordialité en fut telle, qu'à M. Jac, nommé trois ans après par M. Dufaure, redevenu Garde des Sceaux, Premier Président de la Cour d'appel d'Angers, le même avocat général Périvier s'adressait au nom de tous en des termes qui dépassaient singulièrement la portée des formules en usage :

« Au nom du Parquet de la Cour, au nom de tous les Parquets du ressort, j'ai le devoir singulièrement doux à mon cœur, de proclamer bien haut les éminentes qualités du magistrat qui vient de nous être enlevé... Aujourd'hui que l'heure de la séparation est venue, il n'est personne qui ne s'attriste de son départ. C'est que parmi les

qualités qui font de M. Jac un magistrat accompli, il en
est une à nos yeux précieuse entre toutes, ornement de
toutes les autres, qu'il semble avoir plus particulièrement
cultivée, comme une vertu propre à sa nature, c'est la
bienveillance. »

Ce que fut, à ces mêmes dates de 1873 et de 1876, le
langage des Premiers Présidents Fortoul et Merveilleux
de Vignaux, on le peut imaginer; mais celui d'un adver-
saire ou d'un contradicteur semble être encore de plus
de prix. Et puis, de ces éloges et de ces regrets il fallait
bien, pour l'instant, dégager seulement quelques traits.

Premier Président à Angers, successeur de M. Métivier,
dont la grande et magistrale autorité s'était imposée
si longtemps, M. Jac n'eut pas de peine cependant,
avec des qualités autres, à faire admettre la sienne.
Ce fut tout d'abord par cette quintessence de bonté,
qui dans les relations mêmes du Palais se manifestait,
sans que, d'ailleurs, le prestige de la fonction en souf-
frît jamais. C'était dans la direction des débats, qu'il
n'abrégeait qu'avec peine, pour ne pas laisser un argu-
ment dans l'ombre ou un moyen sans réponse; — dans la
méthode de travail employée qui témoignait de son souci
de rendre à tous une scrupuleuse justice, et cela au point
que ces « notes après plaidoiries », tentatives *in extre-
mis* d'une défense inquiète, étaient au besoin honorées
d'une réponse brièvement introduite dans l'arrêt; —
dans sa rédaction enfin où, sans développements inutiles, tout élément décisif était mis en valeur.

Ces qualités, on peut dire ces *vertus* judiciaires, un
homme que sa profession mit longtemps au premier
rang en face de lui les faisait bien saisir d'un mot.
« J'avais de lui une opinion telle que je n'aurais pas
hésité à lui confier le soin de trancher, comme arbitre
unique, une question d'où pouvait dépendre ma fortune,
ou même mon honneur. »

Il y eut là vraiment pour M. Jac quelques années calmes et pleinement heureuses. Sa fonction put s'exercer sans heurt, dans toute sa haute et large indépendance.

Mais un principe, considéré comme fondamental de notre droit public, allait être discuté. « L'*Esprit des lois* » ne l'avait pas inventé, mais seulement consacré, et en quelque façon dogmatisé, comme inhérent à ce pouvoir judiciaire, garantie de la liberté des citoyens. Les régimes monarchiques, impériaux et encore républicains l'avaient en fin de compte laissé debout. Et voici que des projets de loi apparaissent, qui mettent en question cette inamovibilité du juge. Dès lors le Premier Président Jac dut se préoccuper, non de se défendre lui-même — il ne daigna jamais en prendre le soin, — mais de défendre ses collègues, ses inférieurs, tous ceux qui, à un titre quelconque, étaient à ses yeux placés sous sa sauvegarde. Nous allons le voir à l'œuvre dans ce rôle de défenseur d'office qu'il s'imposa ; et il sera constamment sur la brèche pendant trois ans.

Dès 1879, remplacement du Procureur Général en fonctions ; installation de son successeur : au nouveau Procureur Général, M. Auger, dont la carrière s'était faite dans les Parquets, sous l'Empire, M. Jac rappelle qu'il ne fut pas, lors de la chute du régime impérial, sacrifié par le nouveau gouvernement. « Les événements de 1870, lui dit-il, surviennent. Vous êtes d'abord, comme tant d'autres, emporté dans la tourmente ; mais la réparation de l'erreur ne se fit pas trop attendre, car nous vous retrouvons bientôt Procureur de la République au Havre. » Puis, saisissant sans hésiter l'occasion d'une défense qu'il jugeait nécessaire, il ajoute plus tard : « La magistrature, quoi qu'en disent ceux qui ne la connaissent pas ou qui ne la connaissent que par les justes châtiments qu'elle leur a infligés, n'ignore pas que son devoir, devoir rigoureux, devoir sacré, est d'assurer l'exécution des lois.

Elle est, comme elle l'a toujours été, profondément respectueuse des volontés du pays. Il est vrai que, sous la République, comme sous les régimes antérieurs, elle entend garder intactes sa dignité et son indépendance et ne relever, dans la sphère de ses attributions, que de la loi ou de sa conscience. Mais qui oserait l'en blâmer? Qui ne comprend que l'indépendance du magistrat n'est pas le privilège du juge, mais la garantie du justiciable? »

Fières paroles et vérités de tous les temps.

Mais, à Angers même, les incidents se multiplient; la presse les note, et il en est de stupéfiants. On ne veut plus attendre que l'échéance légale de la limite d'âge ait laissé les sièges vacants : on forme contre le personnel judiciaire qui les occupe un dossier accusateur.

Pendant ce temps, la question du principe même de l'inamovibilité a été posée devant les Chambres et suit la filière parlementaire. Sa défense est présentée par des hommes dont le nom seul témoigne qu'ils ne sont pas des contempteurs du régime. Après M. Dufaure, ne suffit-il pas de citer M. Ribot? M. Jac ne se lasse pas de les documenter.

Au premier, qui s'en va, et, abandonnant la Chancellerie, a cessé d'être son supérieur hiérarchique, il envoie, le 3 février 1879, un adieu d'autant plus chaleureux que désintéressé ; et il ajoute : « Le corps judiciaire s'est imposé le devoir rigoureux de s'interdire toute immixtion dans la lutte des partis et de se renfermer strictement dans ses attributions professionnelles. C'est ce que nous continuerons de faire... tant qu'il nous sera donné de conserver nos sièges. »

Après la lutte à la Chambre, l'année suivante, le débat reprend au Sénat ; et au même M. Dufaure qui va monter à la tribune, il adresse un véritable mémoire où, à côté des moyens généraux de défense, se précise la réfutation des charges de l'accusation; celle même de critiques mesquines jusqu'au ridicule ; telle, cette prétention formulée en haut lieu, un jour de messe du Saint-Esprit, de tenir pour emblêmes séditieux, dans l'ornementation de l'église, des fleurs de lys héraldiques, *en papier doré !*

Puis, après l'ironie trop justifiée, cette protestation indignée du magistrat que rien, quoiqu'il puisse advenir, n'amènera à transiger : « On a très souvent reproché aux magistrats, reprend-il, la réserve et la froideur de leur attitude vis-à-vis des membres des Chambres, Préfets ou Sous-Préfets. La défiance appelle la défiance. Sommes-nous, oui ou non, passés à l'état de suspects depuis qulques années ? Y a-t-il une attaque, une injure, une dénonciation qui nous ait été épargnée ? Les amovibles dénoncés, les inamovibles mis à l'index ? Quel est l'homme aux sentiments élevés qui ne comprendra que ce vent de persécution qui souffle de tous côtés contre le corps judiciaire impose à tout magistrat, qui a le souci de sa dignité, l'obligation de ne pas multiplier, vis-à-vis des puissants du jour, des avances qui pourraient être interprêtées comme l'expression du désir d'acheter sa conservation ou son avancement, au prix même de bassesses... ni factieux, ni serviles ! »

Combien de pages vibrantes d'éloquence vraie dans ces lettres à M. Ribot (1882), à M. Denormandie (1883), vaudraient d'être mises au jour !

La lutte cependant prit fin. Après trois années et plus intervint, le 30 août 1883, une loi à laquelle était donné le titre — était-ce par euphémisme ? — de « Réforme de l'organisation judiciaire ». Elle avait, pour la seule Cour d'Angers, cette conséquence que quatorze magistrats inamovibles, dont cinq nommés par M. Dufaure, perdaient leurs sièges, et que, sur les rares qui ne fussent pas atteints, MM. de Genevraye et Lair, tinrent à honneur de suivre leurs collègues dans leur retraite. Au tribunal civil la liste de proscription comprenait le Président,

M. Lelièvre, et trois juges. Les tribunaux du ressort étaient décimés dans la même proportion.

Le Premier Président Jac supporta l'épreuve avec une souveraine dignité.

Les visites d'adieu se succédèrent. De celle que lui fit le Barreau, un souvenir personnel peut trouver place ici.

Aucun avocat ne voulut manquer au rendez-vous ; et le cortège, se dirigeant vers cette maison dont les pauvres du faubourg Saint-Michel, que nous suivions, connaissaient si bien le chemin, allait comme à un deuil ; et c'en était un. Les discours échangés furent brefs, comme il convenait. Le bâtonnier était Me Fairé père, et c'est tout dire pour ce qui est du talent ; mais c'était aussi un homme de cœur ; et, si maître de sa parole qu'on le connût, il fut manifestement ému. Le Premier Président, touché de la démarche, nous parla avec toute son âme, mais ce fut avec une fermeté impressionnante qu'il nous dit en terminant :

« Continuez à servir la justice, Messieurs, les événements de la vie ne sont rien. »

Admirable au regard de tous dans la défense de son personnel, et de grandeur d'âme en face du sacrifice, le Premier Président Jac ne l'est-il pas à un plus haut degré, lorsque, dans l'abandon de sa correspondance intime, il écrit, le 17 septembre 1883, en toute simplicité à ses enfants : « C'est aujourd'hui que doit paraître le mouvement pour les Cours. Je l'attends avec impatience pour connaître le sort de mes pauvres collègues. Je plains ceux qui seront conservés, et cependant je n'oserais leur donner le conseil de se retirer volontairement, parce qu'ils perdront ainsi leur retraite ; et surtout et bien plus encore, parce que leur maintien dans le nouveau personnel pourrait peut-être atténuer très sensiblement les désastreux effets de la loi. » Ainsi, avant toute autre chose, il se préoccupait de ce que pourrait devenir l'œuvre d'impartiale justice qu'avait été la sienne ! Quelques jours plus tard, le 21 septembre, également dans l'épanchement d'une correspondance familiale, il disait : « On n'a pas laissé au cher X... l'embarras d'une option délicate ; je ne puis m'empêcher de m'en réjouir pour lui et pour les siens, tout en m'associant à ses angoisses de père de famille. Je raisonne et je sens pour lui comme j'ai raisonné et senti pour moi-même ; n'est-il pas préférable, mes enfants chéris, que l'honneur soit sauf et que vous n'ayez pas à rougir de votre père ? J'ai bien vu que c'était votre sentiment comme le mien et celui de votre mère, et je vous en ai aimés davantage encore, si c'était possible. »

Et ce qui, pour finir, caractérise, dans des circonstances on peut vraiment dire tragiques, un incomparable oubli de soi-même... « J'ai ressenti bien vivement l'injustice de l'exclusion de la magistrature d'hommes comme MM. M. P. L., etc., et je le leur ai écrit. »

M. Jac alla se fixer à Paris, non pour y goûter le repos — sa nature y répugnait — mais précisément pour y trouver l'emploi de toutes ses forces agissantes et de toutes ses abnégations. Le placement s'en fit très vite ; à Paris plus que partout ailleurs les hommes de ce dévouement ne restent pas longtemps ignorés. Dans les milieux religieux, dans les œuvres de charité, la paroisse de Saint-Étienne-du-Mont, notamment, qui devenait la sienne, bénéficia de tout ce que perdait celle de Saint-Serge.

Dans les mêmes sentiments et pour les mêmes motifs que M. Jac, de tous les ressorts judiciaires, de nombreux magistrats étaient venus demander à Paris, près de leurs collègues également atteints, un asile où s'abritât la dignité de leur vie et aussi un aliment à leur activité. Car c'est une singulière et triste chose de voir par ces crises successives, arracher à leurs fonctions, en violation d'un droit, et laisser inutiles tant de talents distingués, d'aptitudes professionnelles éprouvées et plus encore tant de valeurs morales, que tous les concours et tous les tableaux d'avancement sont bien impuissants à faire surgir ou à maintenir indemnes.

Proscrits en quelque sorte, dans leur propre pays, ils se groupèrent dans une association d'abord d'assistance, parfois cruellement nécessaire, et pour beaucoup, d'études et de travaux en commun. Le Premier Président Jac eut vite fait, à la Société d'éducation de la rue de Grenelle ou dans ce comité de contentieux et de défense des Congrégations auquel M. de Mackau a donné son nom, d'occuper une place prépondérante.

Les congrégations étaient menacées ou déjà atteintes, la liberté de l'enseignement déjà combattue ; les œuvres diocésaines et paroissiales en péril, M. Jac prit sa large part des recherches à faire et des consultations à donner. Les archives de ces Comités sont remplies de ses notes et de ses mémoires mûrement réfléchis, et d'une forme si parfaite que, viennent les années, nous connaîtrons plus tard ici même.

Il allait d'ailleurs nous revenir. Mais, quand, en 1890, il se démit des diverses fonctions qu'on lui avait confiées, ce fut, cette fois encore, en face de sa détermination, une manifestation de profonds regrets. A chaque étape de sa longue carrière n'en fut-il pas toujours ainsi ?

Prenons ce qui nous reste de la correspondance échangée dans l'association des Anciens Magistrats dont il était Président. C'est l'un d'eux qui lui écrit : « Cher Monsieur le Premier, la lecture de votre lettre de démission a été accueillie par une véritable explosion de regrets et de sympathie... »; et M. Bardon, ancien Premier Président de la Cour de Douai et son successeur à la présidence du Comité, ajoute, au nom de ses collègues : « Aucun d'eux, en effet, n'avait oublié que vous fûtes l'un de ses fondateurs les plus autorisés ; que c'est sous votre haute et infatigable direction, inspirée par les plus vives et les plus attentives sollicitudes qu'il a fonctionné depuis huit années, et tous ont compris que son institution venant d'être maintenue par un nouveau vote, votre nom devait lui rester comme une force en même temps que comme un souvenir cher à tous ses membres. »

Le Premier Président Jac revint vivre à Angers de longues années encore. Les survivants de ses anciens collègues se reformèrent autour de lui; les relations sociales se renouèrent. L'entrée de sa fille dans une de nos plus honorables familles; l'intimité retrouvée avec son fils, admis depuis trois ans dans les rangs des professeurs de la Faculté libre de droit, lui donnèrent de profondes joies.

Plus d'une occasion lui fut imposée de sortir de sa retraite; et, si vraie que fut sa modestie, il ne se refusait pas sans une raison grave à répondre à une demande sérieusement motivée. Celle qu'il voulut bien accueillir à l'occasion du second concours Daillière, nous valut de le voir présider notre séance solennelle. Les Annales de la Société en ont consigné le compte rendu. Rappelons avec quelle autorité et en même temps avec quelle bonne grâce il dirigea cette réunion et en résuma les travaux. Il tint à rappeler que dès 1879, et sur la proposition de notre ancien président, M. d'Espinay, il avait été nommé président d'honneur; comment, rayé des cadres de la magistrature, il avait « continué » à figurer au nombre des hauts dignitaires de la Société; et, après l'éloge des lauréats, il ajoutait : « Répétons - nous souvent et croyons fermement qu'un peuple, dont les plus humbles enfants donnent toujours l'exemple des plus hautes vertus, qui compte encore dans ses masses profondes tant d'adorateurs zélés, connus et inconnus, du vrai, du beau et du bien, qui sait toujours les honorer et les récompenser, ne saurait être, quoi qu'en disent certains esprits chagrins, un peuple irrémédiablement voué à la décadence ».

Notant enfin que nous étions à la fin de décembre, que
« l'ère des souhaits du nouvel an allait s'ouvrir », il en
formulait quelques-uns. Se souvenant que René Bazin,
qui venait de présider à l'attribution de notre prix de
poésie, avait tout récemment, lors de sa nomination
comme chevalier de la Légion d'Honneur, demandé son
parrainage, de préférence à tout autre, au Premier Président « descendu de son siège », M. Jac souhaita « qu'à
la première vacance, il entrât à l'Académie Française ».

Et ce vœu... fut une prophétie.

Mais les années qui allaient suivre devaient ramener
l'ancien chef de la Cour à ce qui semblait être l'essence
même de sa vie, la lutte pour ses croyances et pour le
droit. Toute une législation était sur le point de naître
et de se développer, œuvre d'un légiste, auquel aucun
don ne manquait, hormis certains principes essentiels
dont l'absence fit qu'une loi devint néfaste, qui eût pu
être féconde et utile. La loi de 1901 ouvrait aux associations une porte par laquelle tous les citoyens devaient
pouvoir passer. Mais immédiatement d'autres textes
mettaient hors la loi tous ceux que l'on rêvait de pros-
crire.

Quelques années encore et c'est non plus seulement
cette fois l'institution judiciaire, c'est une institution
divine par son principe, l'Église, qui est menacée ; et l'on
va voir : religieux chassés de leurs demeures, prêtres de
leurs presbytères, évêques de leurs évêchés.

Que devenait la liberté individuelle ? Et encore le droit
de propriété ? Que faisait-on du respect dû aux contrats
les plus solennels à la volonté sacrée des mourants ? Et
jusqu'à ce principe fondamental que les lois ne sauraient
avoir d'effet rétroactif, qu'en fit-on le 13 avril 1908 ?
Un député radical pourtant s'écria bien un jour à la tribune, en face de ces textes qui allaient dépouiller les

morts en même temps que les vivants : « Il faut que
l'État reste honnête homme ! » Mais qu'advint-il de son
adjuration?

Voilà les angoisses auxquelles, pour ses dernières
années, ce chrétien fervent, ce chrétien de toujours, ce
jurisconsulte ardemment convaincu aussi et pour lequel
le droit était intangible, fut désormais soumis ! Il ne
se retira pas cependant dans sa tour d'ivoire, et tout ce
qui lui restait de forces, il le mit au service de ces grandes
causes.

La crise ouverte de nouveau depuis 1901 mettait en
péril les droits les plus certains et nos libertés les plus
chères, celles qui relèvent de la consceince. Sous une
haute initiative, un Comité s'était formé pour les défendre, et, s'il était besoin, les revendiquer. M. Jac en
fut l'âme. De toutes parts, anciens congréganistes,
prêtres ou laïques, atteints dans leurs droits ou même
poursuivis devant les tribunaux de répression, faisaient
appel à ses conseils ou à ses directions. La rupture du
Concordat imposait l'étude des questions les plus com-
plexes, et pour lui, catholique et jurisconsulte, la défense
du droit et celle de l'Église, c'était tout un. Des lettres,
des notes, des consultations portent les dates de 1905,
de 1906 : M. Jac est né en 1825, il a donc plus de 80 ans.

Pour témoigner de ce qu'était sa puissance de travail,
il faudrait tout copier. Mais pour juger de ce qu'était
encore sa verve, au besoin malicieuse, cette fin d'un cha-
pitre sur les associations y peut suffire : « Il ne faut pas
perdre de vue, écrit-il, qu'il s'agit d'associations paroissiales, — que l'Église catholique est une société forte-
ment hiérarchisée — que le pouvoir n'y vient pas d'en
bas, mais d'en haut. Que ce n'est pas le nombre qui fait
la loi... Dieu merci ! »

On ne sait alors, pour rappeler le langage de l'orateur
qui, dans la grand'Chambre de la Cour d'appel de Poi-

tiers, s'inclinait naguère devant lui, ce qu'il faut admirer le plus de son caractère ou des ressources de son esprit. De l'esprit, il en avait, du plus fin, et la pointe d'ironie — une pointe légère — en apparaissait souvent.

Et le caractère, il était ce qu'il fut toujours. Tels ces deux traits dont l'un date d'avant 1870 et dont l'autre est tout récent :

Président à Segré, entretenant avec son voisin du Bourg-d'Iré, le comte de Falloux, qui faisait au gouvernement d'alors l'opposition que l'on sait, des relations courtoises et ne s'en cachant pas, il est invité à dîner à la Sous-Préfecture le soir de la proclamation du succès du candidat officiel. Il décline. Mais on juge sa présence utile, nécessaire; on insiste : « la semaine prochaine, ou telle autre qu'il vous plaira, répondit-il, mais ce soir impossible »; et quoiqu'on en pût penser, il maintint son refus.

Vers 1903 ou 1904, il s'occupait, avec un zèle inlassable du placement des instituteurs et institutrices, anciens congréganistes, privés de leurs moyens d'existence. On veut l'incriminer de reconstitution de congrégation, et un commissaire de police zélé se permet de lui écrire en l'invitant à passer de suite à son bureau. M. Jac lui répond qu'il lui est bien arrivé parfois, comme Chef de Parquet ou comme Premier Président, de recevoir des Commissaires de Police dans son cabinet, mais qu'il ne lui est jamais venu à la pensée qu'il pût être invité à passer chez eux. Et le Commissaire de police zélé se le tint pour dit.

Ce fut donc pour M. Jac un mérite de plus, et non le moindre, de restreindre volontairement son rôle. Malgré les instances de tous, il se refusa désormais à présider les séances de son comité, craignant, par un scrupule excessif, de n'y plus apporter la même maîtrise. Il ne défendit pas cependant sa porte. Que de fois, la sachant si volontiers ouverte, ne fît-on pas encore le pèlerinage de sa maison de la rue Desjardins pour lui demander la solution d'une question préoccupante !

Accueillant, toujours attentif aussi, il savait écouter, et, avec une réserve charmante chez qui avait si bien le droit d'affirmer, il suggérait plutôt qu'il ne formulait un avis. Il faisait mieux souvent, et tenait en réserve, pour une communication discrète et d'autant plus précieuse, une étude approfondie rédigée sur le point en discussion. C'était donc l'honneur auquel il avait voulu se soustraire, non le travail auquel nul ne pouvait le faire renoncer.

Il renonçait moins encore aux pratiques de la foi religieuse la plus édifiante ou à l'exercice de la charité qui, avec elle, dominait toute sa vie. Elles furent son meilleur réconfort, lors des épreuves qui attristèrent ses dernières années : la perte de son gendre, M. René Neveu, âme d'élite lui aussi, atteint jeune encore, et dont la maladie n'avait pas vaincu la chrétienne résignation; la mort de Mme Jac, associée si longtemps à ses pensées, à ses préoccupations, comme à son action et à ses œuvres sociales, et de laquelle il suffit de dire qu'elle était digne d'avoir uni son existence à la sienne.

Pour conclure et faire appel au jugement d'un homme que ses hautes fonctions rapprochaient de lui et qui a pu longtemps l'apprécier, reproduisons ce portrait qui date de 1876, mais qui fut toujours ressemblant :

« Vous l'avez vu inébranlable dans ses principes, sévère pour lui-même, faisant avant tout la part de ce qu'une voix éloquente appelait récemment devant nos législateurs, les droits de Dieu, et à cause de cela, recevant abondamment le secours d'en haut, poursuivre sans relâche le mal en demeurant indulgent et affable pour les personnes ; admirablement impartial et proclamé tel, maître de sa pensée et de sentiments, non moins maître de leur expression; aimable et en même temps réservé, ouvert et discret, désireux de s'effacer et cependant prêt à se produire de bonne grâce lorsqu'il en peut résulter un bien; type à la fois d'indépendance et de respect pour l'autorité ; courageux de sang-froid et dans les plus petites choses sans jamais parler de courage; prenant pour lui toutes les tâches ingrates et toutes les responsabilités délicates ou périlleuses, incomparable ami et conseiller toujours sûr... il est tout cela. »

On aimerait d'un ensemble de dons si exquis, d'une âme si haut placée et si près de la perfection, à conserver une œuvre durable et que tout le monde pût lire et admirer. Mais son œuvre, éloquente entre toutes, c'est-à-dire vrai, sa vie même. Et n'est-elle pas un enseignement ?

Entre l'aïeul de 1770 et ceux qui actuellement le représentent, mêmes principes de croyance et d'action, et, si on le sait voir, quelles forces morales ainsi conservées et multipliées par l'effort commun ! M. Jac a reçu un héritage; il y a ajouté les admirables richesses d'une haute intelligence et d'une supérieure bonté; mais il l'a transmis et il a été recueilli. En rendant à la grande mémoire du Premier Président Jac l'hommage que nous lui devions, notre pensée ne va-t-elle, pas dans un élan affectueux, vers notre cher confrère, le Doyen Ernest Jac, héritier des belles traditions de sa famille et de son nom si profondément respecté !

C. Semery.

La loi sur la réforme de l'organisation judiciaire porte la date du 30 août 1883. La veille avait lieu la dernière audience civil de la Cour.

Mᵉ Bellanger, doyen de l'ordre des avocats, était présent à la barre. Après avoir plaidé et évoqué le souvenir de son père longtemps doyen lui-même, il lut cette déclaration :

« C'est ainsi qu'il a été donné à mon père d'abord, puis à moi-même, de constater pendant ce longs laps de temps, *grande œvi spatium*, combien, à part quelques rares défaillances — inévitables, parce qu'elles sont inhérentes à la nature humaine — la magistrature française s'est montrée soucieuse, au milieu de nos vicissitudes politiques et des agitations sociales les plus violentes, de se transmettre et de maintenir toujours intactes les traditions de haute et sévère impartialité, d'indépendance vraie qui lui ont mérité, depuis trois quarts de siècle, ce renom si légitime et ce respect universel que l'on essaierait vainement de lui contester aujourd'hui.

« Aussi, devenu par le cours des années — comme déjà l'avait été mon père — le doyen de notre ordre à Angers, doit-il m'être permis d'adresser à cette grande magistrature un suprême et public hommage, au moment où elle va disparaître par l'application d'une loi dont il m'est interdit, en ce lieu, de rechercher les causes, d'apprécier le caractère, et, plus encore, de pressentir les effets dans l'avenir.

« En parlant comme je viens de le faire, j'ai voulu simplement apporter ici — sans crainte d'être démenti ni désavoué par aucun de mes confrères — le témoignage de l'un de ces barreaux de Cour d'appel, dont on a jugé inutile de demander officiellement l'avis préalable.

« Cela se comprend, du reste, car nonobstant les divergences politiques qui existent au barreau comme partout ailleurs, on était sûr d'avance de la réponse unanime qui aurait été faite à cette solennelle consultation, et de son effet irrésistible sur l'opinion publique qui, une fois éclairée, se refuse toujours, en France surtout, à sanctionner par son verdict souverain les mesures de proscription. »

Le représentant du ministère public crut devoir relever les paroles de M⁰ Bellanger et prendre des réquisitions. La Cour se retira pour en délibérer et rendit cet arrêt, le dernier avant la promulgation de la loi :

Arrêt du 29 août 1883

Vu les réquisitions écrites tendant à ce qu'il soit donné acte de ce qu'au cours d'une plaidoirie à l'audience de ce jour (29 août 1883), M⁰ Bellanger, avocat, a qualifié de *loi de proscription* la loi de réorganisation judiciaire.

Oui, M⁰ Bellanger en ses explications desquelles il résulte qu'il ne s'est pas servi des expressions que M. l'avocat général a cru entendre, et que s'il a voulu rendre à la magistrature un hommage qu'il persiste à croire mérité, il n'a nullement eu l'intention de s'écarter du respect dû aux lois; Vu le texte même du discours qu'il a lu, dont il a déposé le manuscrit sur le bureau de la Cour et qui est ainsi conçu : . . . .

Considérant que les souvenirs de la Cour confirment complètement les explications de Me Bellanger;

La Cour dit qu'il n'y a lieu de faire droit aux réquisitions du ministère public, dans les termes où elles sont formulées;

Ordonne que le discours de Me Bellanger, écrit sur quatre feuillets, sera annexé au présent arrêt.